엄마

시산맥 시혼시인선 004

시산맥 시혼시인선 004

초판 1쇄 발행 | 2020년 05월 15일

지 은 이 | 양수덕
펴 낸 이 | 문정영
펴 낸 곳 | 시산맥사
편집위원 | 강경희 박성현 전철희 한용국
등록번호 | 제300-2013-12호
등록일자 | 2009년 4월 15일
주 　 소 | 03131 서울특별시 종로구 율곡로 6길 36,
　　　　　월드오피스텔 1102호
전　 화 | 02-764-8722, 010-8894-8722
전자우편 | poemmtss@hanmail.net
시산맥카페 | http://cafe.daum.net/poemmtss

ISBN 979-11-6243-111-5 (03810)

값 10,000원

* 이 책은 전부 또는 일부 내용을 재사용하려면 반드시 저작권자와 시산맥사의 동의를 받아야 합니다.
* 이 도서의 국립중앙도서관 출판시도서목록(CIP)은 서지정보유통지원시스템 홈페이지(http://seoji.nl.go.kr)와 국가자료공동목록시스템(http://www.nl.go.kr/kolisnet)에서 이용하실 수 있습니다. (CIP제어번호 : CIP2020018407)

엄마

양수덕 시집

* 본문 페이지에서 한 연이 첫 번째 행에서 시작될 때에는 〈 표기를 합니다.

■ 시인의 말

1928년 7월 20일에 태어나

2019년 11월 25일에 돌아가신

내 시의 뿌리인 어머니

그 그리움을 시로 삭이는 고통의 시간 뒤

나는 다시 시의 자리로 돌아올 수 있었다.

2020년 2월 양수덕

■ 차 례

1부

새에게 물어봐 _ 019

빛의 뒤 _ 020

월동 준비 _ 021

지도에 없는 나라로 _ 022

속초 할머니 _ 023

바느질 할머니 _ 024

알맹이와 껍데기 1 _ 025

알맹이와 껍데기 2 _ 026

개종 _ 027

명절 1 _ 028

명절 2 _ 029

겨울의 맛 _ 030

사랑하기에 _ 031

꽃길, 하늘길 _ 032

죄의 향기 _ 034

악연 _ 036

2부

이 크리스티나의 집 _ 039

생일 _ 040

이중주 _ 041

어머니의 흥미 _ 042

동행 1 _ 043

동행 2 _ 044

웨딩드레스 _ 046

냉면 _ 048

담장 밖으로 _ 049

누구의 몸인가 _ 050

셈법 _ 051

등산하는 날 _ 052

대문의 정서 _ 053

소를 부리다 _ 054

3부

애창곡 _ 057

엄마야 누나야 _ 058

봄이 오면 _ 059

메기의 추억 _ 060

코끼리 아저씨 _ 061

삐딱 구두 _ 062

굳세어라 금순아 _ 063

푸른 하늘 은하수 _ 064

보리밭 _ 065

아, 목동아 _ 066

목련화 _ 068

독한 어머니 _ 069

연극 한 판 _ 070

오랜 침묵, 말 반짝 _ 071

4부

발견 _ 075

마지막 친구 _ 076

텔레파시 _ 077

5년 더 _ 078

기호 음식 _ 079

가족사진 _ 080

멀리 달아나는 _ 081

그때, 지금 _ 082

지옥의 현재 _ 083

단풍나무 _ 084

별 1 _ 086

별 2 _ 088

별 3 _ 089

돌아오지 않는 시간 _ 090

잔인한 학습 _ 091

여행 _ 092

수집 취미 _ 093

마지막 먹을거리 _ 094

파도에게 _ 096

지상에 남겨진 목소리 _ 097

기도 _ 098

하얀 그림자 _ 099

■ 해설 | 강경희(문학평론가) _ 100

1부

새에게 물어봐

새는 날 수 있으니 인간보다 낫지
새는 어디든 갈 수 있으니 또 그렇지
새는 노래하며 즐겁지
새는 골머리를 썩이는 일이 없지
새는 빈손으로도 잘 살지
새는 질기게 미워하지 않지
새는 전쟁을 안 하지
새는 스스로 짝을 찾지
새는 늘 자연 속에서 살지
새는 하늘과 가까이 있지

새가 부럽다고 했던 어머니
새보다 머리가 훨씬 더 큰 인간이,
왕관을 쓴 호모사피엔스가,
새대가리를 부러워하여

빛의 뒤

손이 공들인 봄 여름 가을 겨울

포근한 뜨개질의 겨울 물고 봄의 선물인 헝겊인형이 태어나고 꽃무늬 물방울무늬의 원피스가 만들어지는 여름 타고 해진 바지 무릎 위에 머물던 아플리케의 가을 이어 또 뜨개질의 겨울이 손바닥을 쳤던 나 어릴 적 지나 베갯잇 이불깃의 꽃 자수며 집 안을 꾸미던 수예품들과 어머니의 일상 한복이 지어졌던 평생

세상의 모든 천을 끌어와 무어든 다 수놓고 만들 수 있었지만
그렇건만, 삶은 마음대로 수놓고 바느질할 수 없었던 어머니

월동 준비

날씨가 차가워지자 문풍지가 뽀얗게 팽팽하다

겨울 오기 전 어머니는 방문의 묵은 창호지를 뜯어내고 새 창호지에 풀을 먹여 발랐다 문손잡이 주변에 곱게 말린 단풍잎을 붙이고 창호지를 덧바르면 마무리되는 겨울맞이 어린 나는 어머니에게서 풀 먹인 옥양목 냄새를 훔치는 즐거운 좀도둑이었다

햇살이 짧아진 꼬리를 매만지고 있을 때
꼿꼿하게 팽팽해지는 어머니

방에는 어머니의 붉은 가을이 질펀하게 자리를 잡았고
문손잡이의 단풍잎은 촛불 켜고 일 년을 물들일 궁리를 한다

지도에 없는 나라로

책장의 동화책들이 입을 모아 불러댔던 어린 날

나는 동화책의 표지만 보고도 배가 부른 게으름뱅이였고
여동생은 동화의 나라에 들어가 살다시피 했다

아름답고, 애잔해도 끝은 행복한 동화 속으로
이따금씩 놀러 가는 일은 즐거웠다

아버지, 밖으로만 떠돌 때
우리 자매에게 현실 너머 다른 세계를 열어준 어머니
집 안에 고인 찌푸린 공기가 밀려나는 것 같았다

속초 할머니

올 것이 오고서야 우리 집 겨울 문이 닫혔다

조밥을 넣어 익힌 가자미가 오는 날은 식구들의 군침이 모아지는 날
날라 온 가자미 통들을 보며 한 그릇 노란 조밥 같은 미소를 담아낸 어머니는
기꺼이 속초 할머니에게 아침상을 차려 드렸다

익힌 가자미에 무채를 버무리면 마무리되는 가자미식해
김장 김치 제쳐놓고 식해는 식탁 위 마녀처럼
입맛을 호릴 마법이 시작되고……

어느 추운 해에 속초 할머니 저세상으로 가셨다는 소식을 들은 우리 식구들
어머니의 감칠맛 나는 인연 하나 꼬투리를 남기고 떠났다

우리 집 겨울 문이 언제까지나 닫힐 줄 몰랐다

바느질 할머니

거의 평생 한복을 입고 살았던 어머니
바느질 할머니는 어머니의 외출 한복을 단골로 지어주셨다

할머니의 바느질 솜씨를 올리는 어머니의 입에서는 늘 파릇파릇한 잎 동자들이 태어났다
삼층장에는 사철 한복이 언제든 밖으로 나갈 채비를 하였고
한여름에도 한복들은 땀투성이 어머니를 유쾌하게 괴롭혔다

아버지 돌아가시자
나는 그 거추장스러운 한복을 어머니에게서 떼어놓았다
바느질 할머니도 그즈음 세상을 떠나셨을 것 같다

알맹이와 껍데기 1

어머니와 함께 절에 다닐 때
푼돈으로 기와 불사를 몇 번 했다

어머니는 늘 내 이름으로 기와 불사를 했고
나는 한 번도 마다한 적이 없었다
기와 불사를 하면 명이 길어진다는 말을 끌어당겨
온전히 내 몫으로 해놓을 참이었다

불교가 무언지 아무것도 모르던 어머니와
불교의 교리를 공부했던 나

돌이켜보니
나는 불교 밖에서 기웃거렸고
어머니는 이미 불교의 골수를 안 셈이다

알맹이와 껍데기 2

어머니와 도선사에 가느라 좌석버스를 탔다
마침 아기를 업은 아줌마가 버스에 탔고
어머니는 그 아줌마에게 자리를 내주었다

나는 바깥 풍경에 눈을 집어넣고 껍데기가 되어가고 있었다
집안일 하시느라 피곤했을 어머니에게 눈길 한번 주지 않았다

세월이 지나 나도 철이라는 단어를 눈여겨보게 되었을 때
나보다 아주 높은 곳에 자리한 어머니가 보였다
내가 뒤집어쓴 껍데기가 악어의 가죽으로 느껴졌다

개종

합장하는 것만 알고서 수년간 절에 다니더니
어느 날 여동생에게 이끌려 성당에 다니기로 한 어머니

교리 공부를 하던 여름
공부하는 사람들과 수박을 함께 나누면 어떻겠느냐고 떠다미는 여동생에게 어머니 한마디 했다
형편 어려운 사람이 그렇게 못하면 안 되니 안 하겠다

나의 말, 팔이 안으로 굽는 대로 따라가……
불교를 떠나도 부처님의 미소는 어머니에게
연꽃 향기로 머무를 것 같았다

명절 1

밥 국 전 나물 술을 담은 쟁반이
아파트 경비 아저씨에게로 간다

받는 사람 주는 사람 가슴이
순간 단술로 출렁거리고

쟁반 위 허공에서 미끄덩,
보름달이 빠진다

이웃과 명절을 나누고 싶은 어머니의
보름달 떠 있다

명절 2

새벽 별이 스러질 때까지
명절 준비로 색 바래가는 어머니

내가 깨물어 본 명절이 타령조로 흘러간다

어머니의 명절은,
손 부르트는 날
잠 못 자는 날
군식구들에게 포위되어 두 손 드는 날
이북에 두고 온 형제들이 점, 점, 점, 요만한 점이 되는 날
낳아준 부모님에게 얼음 수의 입히는 날
다른 사람 앞에서 웃고 안섶으로는 울음주머니 차는 날
누가 이런 염치없는 명절을 만들었나

새벽별이 스러질 때 흐린 눈 씻는 어머니

겨울의 맛

군고구마에 영혼을 붙여준다면
지금도 겨울에 이복이 아줌마를 모시고 올 것 같다

군고구마를 유난히 좋아하셨던 이복이 아줌마가 우리 집에 놀러 올 때면 손에는 대개 군고구마 봉지가 들려 있었다

이복이 아줌마와 어머니는 1·4후퇴 때 함께 피난 와서 처음으로 군고구마를 맛보았다 달콤하고 따끈따끈한 군고구마는 혓바닥의 미각 너머 피난의 혹독한 겨울을 잊게 해주었다 자주 사 먹고 싶어도 돈을 아껴야 했던 어머니와 실랑이를 벌였다는 이복이 아줌마

이복이 아줌마가 일찍이 돌아가신 후
겨울이면 피난 시절 따끈하고 달콤한 여백을 음미하는 어머니

사랑하기에

나의 학창 시절 몸이 약했던 어머니
건강염려증도 덩달아 따라붙었다

공부하지 말아 몸 약해진다
우리 형제들은 어머니의 이 부적과 같은 말을 붙이고 놀기만 했다

플라스틱 그릇이 알록알록 헤프게 쓰일 때
어머니에게 매우 위험한 손님인 플라스틱은 우리 집에 얼씬거리지 못했다
유행하던 인공 조미료는 남의 집 이야기였다

건강 철학을 내세운 가지가지 잔소리를 우리 형제들의 모공에 심어주고서
어머니는 걸림이 많은 삶을 택했다

꽃길, 하늘 길

꽃을 사랑했던 어머니

오랜 아파트 생활에서도
꽃나무들에게 태어날 자리 자랄 자리 쉴 자리를 넉넉히 깔아주었다

한약이나 우유 찌꺼기를 썩힌 거름은 꽃나무들의 보약이었다 집에 들어오면 우리 형제들은 그 고약한 거름 냄새에 찡그리고 투덜대었으나 어머니는 웃으며 물러서질 않았다

마당이 있었던 어릴 적, 담장에는 나팔꽃과 덩굴장미 뜰에는 접시꽃 장미 한련화 달리아 샐비어 맨드라미 과꽃 등이 어머니 손길에 행복한 웃음을 날리고 현관으로 이어진 통로 양쪽에는 오색의 겹채송화들이 드나드는 식구들의 미소에 별표를 달아주었다

아마도 꽃나무들은 어머니가 불러온 하얀 구름

을 타고 하늘을 날아다녔을 것 같다

    어머니 저세상으로 갈 때
    어머니가 품었던 꽃나무들이 마중 나왔으리라
    그들이 타고 다녔던 하얀 구름
    두 손 받쳐 내어주었으리라

죄의 향기

낚시가 신바람 나게 재미난 아버지는
산 붕어들을 바구니가 넘치도록 잡아 오곤 했다
어머니는 잰 칼질로 그 많은 붕어들을 거두었다
군소리 한마디 없이 제 몫의 비린내를 민물의 잔칫상으로 받았다

집 마당 구석에서 키우던 닭의 마지막도 어머니 차지였다

벌레를 무서워하는 딸 대신에
벌레의 잔상까지 말끔히 훔쳐냈던 어머니

피를 뿜던 그 붕어들의 서글프게 빨간 눈망울 앞에서도,
어머니 손에 비틀린 닭의 비명에도,
널브러진 벌레들이 어머니를 쏘아보아도,
어머니는 죄가 없다
어머니, 울렁울렁한 감정과 여린 여자를 잠깐 처박아두었다

〈
한 번도 바친 적이 없는 꽃다발이
어머니 가신 허공으로 빨려간다

악연

　사람들은 외삼촌을 기인이라고 불렀다
　기인이어야지, 핏줄이라는 물에 녹아들 수 있었다
그렇게 부를 수 있고 봐줄 수 있었다

　기인이라는 단어 속에는 평범한 사람에게 없는 멋이
세상에 없는 푼수로 존재하지만

　마흔두 살 결혼할 때까지 우리 가족과 한솥밥 먹고 살던 외삼촌, 천재 소리 듣던 기인은 미국으로 이민 갈 때까지 우리 가족에게는 악성 종양과 같은 존재였다 얌전한 외삼촌이 술만 마시면 술에 먹혀 괴물로 변신하였기에 어렸을 때 우리 형제들은 두려움에 늘 가슴이 두근두근했다

　그 기인이 이 세상을 떠날 때에
　어머니는 기인을 품어줄 저세상 쪽으로 눈길을 잠시 던졌을 뿐
　눈물 한 방울도 맺지 않았다

2부

이 크리스티나의 집

햇살이 노란 속살을 드러내고
집 안의 가구들이 윤이 나게 닳아가는데
어머니는 어디로 갔나

빵점짜리 남편과 겉만 뻔드레한 집에서
수년간 우울증약을 드시던 어머니

오래된 가구들 같은 가족들이 햇살의 노란 속살
을 까먹고 있을 때
빛 한 오리 닿지 않는 우물 안에 어머니 갇혀서

생일

아버지는 한 번도 어머니 생일을 챙겨준 적이 없었다

그날이 그날인 어머니는
집안일에 고개 돌리고 바깥으로만 분주했던 아버지에게
불평이나 내색을 하지 않았지만

그러나 그러나 여자는 다 같다
나의 중얼거림이 어머니의 뺨을 엉뚱하게
붉은 페인트로 칠할지라도
나의 입 닫을 수는 없다

뿌리가 들린 가슴은
세월이 갈수록 검은 이끼가 되는대로 덮이잖아요
생일날의 씁쓸한 기억이
자꾸 긁적이잖아요

이중주

언제부터인지 아버지 오시는 시간이 밤 한 시였다

바깥으로 공작의 날개를 펼치고 산 아버지와
울타리 안에서 어미 닭이 되어 종종거렸던 어머니

어울리지 않은 듯 어울리는 듯
울려 퍼지는 화음이 집 안을 소리 없이 메웠다

아버지에게 집은 잠을 자는 숙소일 뿐
함께 나누는 저녁이 없었던 우리 집

어머니는 한밤중에다 마른 귀를 포갰다
가장이 와야 비로소 틈 없이 닫히는 문

어머니는 문 안에서 문밖의 발자국 소리를 세면서
삐걱거리는 화음, 소리가 나지 않도록 누르곤 했다

어머니의 흥미

가사 일에 매어 산 어머니는 지적 호기심이 많았다
독서는 잠시나마 어머니를 별다른 세계로 이끌었다

'생활이 그대를 속일지라도……'
나는 푸시킨의 시구를 어머니에게 마음으로 선사를 했다
생활에 속는 어머니가 없으면 우리 집은 어떻게 하나

아까운 사람 하나 놓치면서
지구는 머리털 한 올 날리지 않고 둥글게 매끄럽게 돌아갔다
휘청거리는 사람 하나도
지구 때문에 넘어지는 일은 없기에

동행 1

부모님이 단 한 번 경주로 여행을 간 적이 있었다
두 분만의 여행인 게 참으로 신기했다

잘못 길들인 습관이 두 개의 길을 닦았나
어머니는 군소리도 달지 않은 채 적막하고 재미없는 길을 홀로 걸어왔다

경주 여행은 두 분에게 택배로 받은 사건이었다

다시는 받을 수 없는 두 분만의 선물이었고
하나의 길이 잠시 열렸던 순간이었다

동행 2

유령은 팔다리가 흐느적거리나 눈이 온통 먹칠인가 발이 없다 했나

어머니와 북적거리는 동네 칼국수 집에 갔다
주문을 하는데 갑자기 어머니가 나가려 했다 보니, 유령이 보였다 좀 떨어진 자리에 아버지와 친구분이 겸상을 하고 있었다

나는 어머니를 붙잡았다
칼국수를 먹으면서 칼국수보다 더 차진 눈물줄기가 딸려 나오는 것 같았다 그런 순간을 이어온 어머니의 일생이 보였다

누구보다 인자한 아버지인데……
밖에서는 함께 존재하지 않은 유령 부부, 유령이 짝인 어머니
살아오면서 나들이도 늘 자식들과 함께했다

산 유령이 있으니, 흐느적거리는 팔로 안아줄 수

없어 눈에 빛이 들어오지 않아 먹통, 제 짝도 몰라
봐 발이 없어 부부라는 땅에 뿌리를 못 내려

웨딩드레스

우리 집에는 부모님 결혼사진이 없다

웨딩드레스를 입어 보지 못한 어머니
슬픈 가족사는 아니더라도
슬픈 어머니가 없는 결혼사진 속에서 먹구름을 뭉개고 있다

꽃다운 어머니의 이십 대가 홀로 잔잔하건만
내가 등장하자 어머니의 이십 대가 속삭인다

늙을 수가 없구나 하얀 웨딩드레스를 입어야 할 텐데
잊을 수가 없구나 얼렁뚱땅 해치웠다
속을 수가 없구나 빨간 무와 당근은 같지 않아

어머니 생각 생각에
단단히 잠근 일생의 일기장에 빨간 밑줄을 긋는다

이북에 처자식을 두고 온 아버지와 첫 결혼인 어머니가
웨딩드레스가 아닌 서로의 다른 옷을 짜고 있었다

〈
단 한 번도 내보인 적이 없는 어머니의 비밀 방에
내가 함부로 들어가 어머니를 욕되게 했나 보다

냉면

제일 좋아하는 회냉면 앞에서 어머니는 먼저
노란 계란을 건진다

그 순간 보름의 숨 가쁜 빛이 어머니의 입안으로
들어가고
홍어회와 냉면 사리와 야채가 차례로 보름 달빛
을 따라간다

마음속 어두움을 지워줄 삶은 계란 반쪽 먼저,
어머니는 순서를 벗어난 적이 없다

어머니가 열어 보인 밤하늘로 나는 이따금 초대
를 받는다

담장 밖으로

요즘 태어나면 참으로 해보고 싶은 게 많다 했던
어머니

학창 시절 공부와 운동을 잘했던 어머니
결혼으로 꿈과 희망이 다 주저앉아버리고
남은 건 아쉬움이라는 단물 가신 말

요즘 태어나 결혼해도
어머니의 담장은 높고 높아
보나마나, 아마도

담장 안의 어머니는
담장 밖의 어머니를
낯설어하고, 용서하지 못하고

흠집 하나 없는 생활인은 날마다 축복을 받는가

누구의 몸인가

나이 들자 어머니는 종종 소변을 잃어버렸다

늘 한탄했던 어머니
누구보다 깔끔한 성격이기에 절망도 컸다

빙산이 주저앉은 것이다 자존의 자리
불쾌한 그늘
언짢은 몸의 배신

넘어지면서 무릎을 다친 후
바닥에서 스스로 일어날 수 없었던 어머니

어느 때 외출 후 돌아오니
어머니는 침대 아래에서 새어 나온 소변을 깔고 앉은 채 울고 있었다
내 몸 내 마음대로 못 하는구나 내 마음대로……
어머니의 절규가 허공을 움켜쥐었다

셈법

  어머니 돌아가시기 오 년 전 폐렴으로 몇 달을 입원한 뒤부터
  나이는 시름시름 앓았다

  집에 산소 발생기를 놓고 어머니는 부족한 산소를 콧줄로 취했다 거기다 워커에 의지해 걸어야 했던 어머니에게
  나이는 기억의 놀음일 뿐이었다

  어머니 나이는 발병 전의 건강한 나이에서 멈추어버렸다
  건강한 모습만 받아들이고 싶어서
  누구든 나이를 물으면 87세라고 말했다

  어머니는 87세에 이미 돌아가신 것이다
  오 년을, 아프고 불편하게 산 나이는
  어머니 아닌 남의 나이였다

등산하는 날

산소 줄을 단 어머니
경사진 아파트 현관 입구에서 유모차 밀면서 올라간다
영차 영차

그 경사길이 어머니한테는 북한산이나 히말라야였다
영차 영차
힘을 모으니 어느덧 정상이다

어머니의 병도 지구 밖으로 밀려 나갈 것 같은
영차 영차
힘들어도 운동해야 건강하게 오래 살아요
어머니에게 미래의 박수까지 몰아준다

대문의 정서

어머니 돌아가시기 전 잠 습관은
일주일에 하루 이틀은 요란한 불면증이 오고
남은 날들은 낮에도 종종 졸음에 빠지곤 했다

잠과 깸 사이에는
그 어떤 약발에도 듣지 않는 벽이 있어서 고단한 어머니
불면의 어머니는 병석에서도 문단속에 매달리고
귀가 따갑도록 문단속 소리를 듣고 자랐던 나는
그럴 때마다 싱겁게 웃고 만다

어머니의 대문은 늘 굳게 닫혀 있어야 했다
누구에게도 열어 보일 수도, 열어줄 수도, 없게
꼭 닫힌 대문 안쪽에 어머니는 숨어버렸다

그 문단속에 틈이 없다
그렇게 한 생이 깨지지 않는 열매로 여물었다

소를 부리다

주인이 소를 끌고 간다
이랴 이랴

어머니 걸으며
산소 줄 잡고 흔든다
소를 부린다

이 소는 언제 콧줄을 풀고
제 가고 싶은 대로 마음껏 돌아다니나
이랴 이랴
팔에 힘주며 채찍질하는 주인

어머니도 우리도 한 방울 눈물 감추어 둔 채
동글동글 웃는다

3부

애창곡

다시 태어나면
가수가 되고 싶다던 어머니

식사 뒤에 불렀던 노래가
천연 소화제였으니
내생으로 가는 즐거운 다리였으니

엄마야 누나야

엄마야 누나야 강변 살자
뜰에는 반짝이는 금모래 빛
뒷문 밖에는 갈잎의 노래
엄마야 누나야 강변 살자

어머니와 함께 노래 부르며 마음속 강변 걷다가
언제부터인지 '강변 살자'가 '백 년 살자'로 바뀌었다

그래요 엄마
우리 백 년 살아요
더도 말고 백 년이에요
꼭이에요

어머니, 백 년 살자던 약속 저버렸네
힘없이 새끼손가락을 풀었네

봄이 오면

봄이 오면 산에 들에 진달래 피네
진달래 피는 곳에 내 마음도 피어
건너 마을 젊은 처녀 꽃 따라 오며는
꽃만 말고 이 마음도 함께 따 가주

어머니 이 노래 부를 때마다
얼굴에 봄물이 들었다

사람의 봄
나라의 봄
통일의 봄

노래를 부르는 잠시나마
그렇게 미래는 봄의 분홍 노랑 물감을 풀어놓았다

천국으로 가는 봄길 마지막으로 남겨두고서

메기의 추억

옛날의 금잔디 동산에 메기 같이 놀던 곳
물레방아 소리 들린다 메기 내 사랑하는 메기야
동산 수풀은 우거지고 장미화는 피어 만발하였다
물레방아 소리 그쳤다 메기 내 사랑하는 메기야

보이지 않는 먼 곳을 쓸어주며 어머니와 나는 노래를 부른다
어머니, 젊은 시절을 회상하였으리라

어머니에게도 이루지 못한 사랑이 있었을 것이다
어쩔 수 없이
보낸 사람
떠나간 님

어머니, 사랑은 왜 이렇게 미운 뒤통수인가요

코끼리 아저씨

가끔 가는귀가 고장이 난 어머니가
요양보호사가 가르쳐준 노래를 따라 부른다

독수리 아저씨는 코가 손이래
과자를 주며는 코로 받지요

듣고 있는 우리는
코끼리 아저씨를 밀치고 들어 온 독수리 아저씨 때문에
한바탕 웃는다 재채기하면서도 웃는다

삐딱 구두

　광주가 고향인 요양보호사가 어머니에게 고향 노래를 가르쳐드린다

　당신이 쪼까 나를 사랑할 량이면
　삐딱 구두 하나만 사주실라요
　삐딱 구두 어림없다 나막신이 어떠냐
　싫어 싫어라 나는 싫어라 나막신은 싫어라

　키가 커서 높은 구두를 못 신어 본 어머니
　삐딱 구두 노래 부르며 새삼 입맛 다신다
　그런 어머니와 약속을 하는 요양보호사
　어머니의 병 나으면 빨간 삐딱 구두 사드리겠노라 한다

　어머니, 봄이 오면
　산소 줄 빼버리고
　빨간 삐딱 구두 신고
　병이 없는 봄의 순한 길을 손잡고 걸어요

굳세어라 금순아

눈보라가 휘날리는 바람 찬 흥남 부두에
목이 메어 불러봤다 찾아를 봤다
금순아 어딜 갔나 길을 잃고 헤매었든가
영도 다리 난간 위에 초승달만 외로이 떴다

쿵작 쿵작,
한 번이면 족했다
어머니와 이 노래 한 번 부르면
신바람 난 가락에 슬픈 가사도 밀려났지만
두 번부터는
잃어버린 금순이가 자꾸 눈에 들어와
노래를 이을 수가 없었다

남과 북의 하고 많은 금순이들을
지금도 만나지 못하는 우리 땅

푸른 하늘 은하수

어머니와 손바닥을 마주치며 노래를 한다

푸른 하늘 은하수 하얀 쪽배에
계수나무 하얀 나무 토끼 한 마리
돛대도 아니 달고 삿대도 없이
가기도 잘도 간다 서쪽 나라로

지구보다 더 아름다운 은하수에 어머니와 간다
병이 없는
고통과 슬픔이 없는
별나라를 상상하면서

우주의 그 어디쯤
이다음 내생에 가게 될 진화된 별을 그리며
어머니도 나도 하나의 바람으로
푸른 은하수를 따라간다

보리밭

보리밭 사잇길로 걸어가면
뉘 부르는 소리 있어 발을 멈춘다
옛 생각이 외로워 휘파람 불며
고운 노래 귓가에 들려온다
돌아보면 아무도 뵈이지 않고
저녁노을 빈 하늘만 눈에 차누나

노래는 아무도 없는 어머니의 보리밭을 걸어
빈 하늘인 어머니 가슴을 채우네
평생이 외로운 어머니
노래만 노래만 어머니에게 안기네

1·4후퇴 때 부모 형제와 생이별하고 남동생 하나와 이남으로 넘어 온 어머니
  노래는 어머니의 빈 하늘을 튕기며
  저녁노을 한 덩이를 붉은 그리움으로 쏟아놓았네

뉘 부르는 소리 있어
돌아보면 아무도 뵈이지 않고
저녁노을 빈 하늘만 눈에 차누나

아, 목동아

아 목동들의 피리 소리들은
산골짝마다 울려 퍼지고
여름은 가고 꽃은 떨어지니
너도 가고 또 나도 가야지
저 목장에는 여름철이 가고
산골짝마다 눈이 덮여도
나 항상 오래 여기 살리라
아 목동 아 아 목동 아 내 사랑아

보슬비도 녹색일 것 같은 아일랜드의 전원을 상상하며
부드러운 목가풍의 리듬에 실려서
어머니와 함께 목을 길게 빼 올려 노래를 불렀다

어머니 임종 때와 영안실에서
그토록 좋아한 이 노래를 블루투스 스피커로 울려드렸다

목동이 노래하는 아름다운 전원

그 너머로
멀리 멀리 가버린 어머니

목련화

오 오 내 사랑 목련화야 그대 내 사랑 목련화야
희고 순결한 그대 모습 봄에 온 가인과 같고
추운 겨울 헤치고 온 봄 길잡이 목련화는
새 시대의 선구자요 배달의 얼이로다
오 오 내 사랑 목련화야 그대 내 사랑 목련화야
그대처럼 순결하게 그대처럼 강인하게
오늘도 내일도 영원히 나 아름답게 살아가리
오 오 내 사랑 목련화야 그대 내 사랑 목련화야

한 송이 하얀 목련화
겨울의 모진 추위를 이겨내 피운 꽃
우아하고 향기로운 꽃, 어머니

이 겨울이 지나 봄 기지개 켜면
다시 목련화는 피는데
어머니 안 오네
내 사랑 안 오네

독한 어머니

요양보호사 보내는 내 교대 시간이 되어 어머니 집에 왔다
안방의 어머니 부르는데 답이 없어 들어가 보니
산소 줄을 있는 힘껏 끊은 뒤 끝이었다

놀란 나는 가슴이 내려앉았다
산소 줄 안 한다고 죽는 게 아니에요
때가 되면 하늘나라로 가실 텐데요
다시는 이러지 마세요 약속해요
엄마가 이러면 우리가 불안해서 못 살아요

달래고 애원하는 시간이 달아오르다가
마침내 어머니와 새끼손가락을 걸었다
소중한 사람의 목숨을 하늘에 걸었다

연극 한 판

어머니를 돌봐드리던 여동생이 암에 걸렸다
암세포의 패거리들 앞에서
나는 너무나 낯설고 두렵고 끔찍하였으나
여동생은 태연했다

모든 것은 여동생의 병 이전 그대로
코팅을 한 착한 거짓말에
어머니는 평온했다

어느 날 빠진 머리카락을 감추던
그 어색한 가발을 유심히 들여다보던 어머니는
굳은 표정으로 아무 말도 안 하셨다

속아준 건지 속은 건지 알 수 없어도
내내 잔잔한 강물에 실리던 어머니

오랜 침묵, 말 반짝

입이 무거운 어머니의 한마디 말 뒤편에는
달과 해를 지운 시간이 고여 있다

열매를 맺은 말은
그 말을 맺게 한
잘 키운 마음의 나무가 서 있다
한마디 흘려보낸 말은
그 말이 흘러갈 푸르고 긴 강의 유래를 더듬는다

어쩌다가 어머니는 돌에서 금을 캐듯 말을 꺼냈다

 박 서방한테 미안하구나
 뒤늦게 결혼한 내 삶의 많은 시간을 어머니에게
바쳤다고 생각한 어머니
 캔 금의 부신 빛을
 박 서방이 볼 수 있는지 알 수 없으나

4부

발견

나는 의자가 없는 허공을 더듬네

작은 손의 커다란 기적
이 세상에서 가장 따뜻하고 편안한 어머니 손이 내 의자였다니

손이 손에게 매달릴 때마다
목숨 줄 이어가느라 힘이 들었을 어머니
다 낡은 의자의 신음을
나는 듣지 못하고

의자 아닌 의자의 그림자들만 나를 스치고 지나갈 때
사라진 의자의 기억을
해 비치는 꽃병 속에 넣네

내 남은 생의 시들지 않는 꽃으로 모셔두어야 하는
어머니 손의 기억

이제 나는 의자 없이 서성거려야 하네

마지막 친구

초가을 햇살이 목덜미에 내려앉을 때
여동생은 어머니를 모시고 마석의 요양원에 갔다

산소 줄 하고 휠체어에 탄 어머니를 보자
당뇨병으로 몸이 불편하신 순자 아줌마는
어머니의 속옷까지 적실 듯 눈물을 뿌리며 탄식을 하셨다
우리가 왜 이렇게 됐냐 우리가……

어머니 돌아가시기 몇 달 전 친구분과 이렇게 축축하게 만났고
기침 소리조차 내지 않고서 고별은 저 혼자 왔다

텔레파시

돌아가시기 얼마 전 어머니는 설악산에 가고 싶어 했다
누군가 부르는 듯 어머니 눈이 가늘게 설악산 쪽으로 모아졌다

어머니의 아쉬움을 달래려고
나는 고기 한 점 없는 멀건 국물을 부어 놓았다 말 같지도 않았다
거긴 너무 멀어요
단풍철이라 굉장히 막힐 거에요
내년에 가지요 대신 안면도에 가요

어머니 맞으려 단풍잎들이 축제를 벌였을 설악산에 갔어야 했다

몸 감긴 채 발 묶인 채
한 걸음도 설악산 쪽으로 디딜 수 없었던 어머니를
가을이 지치도록 기다렸을 설악의 산신

5년 더

어느 번개가 치던 날 선녀가 하늘에서 내려와 나무꾼을 만났다 그와 수십 년을 얽히다가 때가 되어 날개를 펼쳤다 하늘의 부름을 받았으나 날개는 펴지지 않았다 두 딸이 날개에 매달려 있었기에

87세에 하늘로 가려다 접어야 했던 날개 어머니는 힘들고 귀찮고 지루했지만 5년을 더 남아주기고 다짐했다

마지막 입원 때 나는 어머니의 손을 잡고 칭얼거렸다 엄마 더도 말고 백 세까지만 더 사세요 꼭이에요

갑자기 어머니는 잡혀 있던 손을 뿌리쳤다 천둥소리 하늘을 그었고 보랏빛 번개가 어머니 얼굴을 감쌌다 내 욕심을 더는 채워줄 수 없었기에, 그리고 하늘의 순리

기호 음식

어머니 입원 후 반짝 상태가 좋아졌다
심심하게 담은 얼갈이김치가 먹고 싶구나
배추 무 썰어 담근 나박김치가 먹고 싶구나
포도가 먹고 싶구나

엄마, 나중에 드릴게요 나중에요

지금 어머니는 없고
나중에, 라는 고름 찬 시간만 녹아내린다

나중에 나중에
죽은 뒤에 나중에

어느새 어머니 없는 일몰이다

가족사진

어느 집이라도 거실 벽에는 그럴듯한 가족사진이 걸려 있건만,

부모님 생전에 온전히 꾸리지 못했던 가족 그리하여 잘 짜인 완성인간들의 구도인 가족사진이 우리 집에는 없다

제때 결혼한 남동생 가족의 완성품도 있으나 적령기 한참 지나 짝을 맞춘 나나 아직 홀로인 여동생이나 완성으로 가는 길 더뎌

생각해보니 짝이 없으면 없는 대로 가족사진을 찍었어야 했다
부모님을 태양처럼 정 가운데 모시고
우리 형제들은 그 태양의 행성처럼 그럴듯하게 돌고 있어야 했다

어머니 돌아가시고야 그 마음이 닿았으나
빛을 잃은 태양, 이미 늦었다

멀리 달아나는

학은 언제 오나
다리가 길어서 성큼성큼 오긴 올 텐데
아니지 커다란 날개 펼치니 제아무리 먼 데 있어도
날아올 텐데

자나 깨나 남북통일 기다린 어머니
이북에 두고 온 동생들은 잡히지 않는 꿈속의 피붙이
눈을 감아야 화면을 여는 고향집, 옛 추억
그 그리움과 한, 모두 쓸어 담고 가버린 어머니

통일이 멀어져가는 너절한 시간 속에는
다 낡은 어머니의 마음 지도가 펄럭거린다

돌아가신 혼이 제일 먼저 가신 곳에서
두리번거릴 어머니
찾아오지 않은 학, 어디에 가 있나

그때, 지금

내가 그린 상상 안에서
어머니 저세상으로 가는
가슴 철렁해지는 시간

나뭇잎 떨어지는 늦가을 길목에서 바라보던 어머니
없는 그 텅 빈 공간에서
나를 잃어버린다
눈발이 날리다가 곧 함박눈으로 하얀 천지가 될 때
나는 미아가 되어 어머니를 찾아 헤맨다

이제 어머니 없는
잎 진 늦가을 이어 하얀 착시의 겨울
그리움으로만 메워지는
멍든 공기

지옥의 현재

끊임없이 가래가 끓고 있습니다
의사가 사형선고를 내리는 것 같았다

어머니는 기관지 내시경으로 가래 뽑는 시술을 받
았고 그 후 하루에 여러 차례 석션이라는 가래 제거
를 받았다

비좁은 목구멍을 쑤시고 들어가는 빨간 고무 대롱
무섭고 불편한 석션을 받을 때마다
어머니는 고통의 노트에 신음을 흘려 썼다

겨우 마치고 나면
새파래진 어머니의 혀가 지치도록 파들거렸고
내 숨까지 보태도 쉬이 잠잠해지지 않았다

지옥을 돌고 나오면
얼마 후에 또 벌어질 지옥이 기다렸다

단풍나무

단풍잎에는 내일의 단풍이 없어서
밤낮으로 붉어야 하는
인고의 뼈가 숨어 숨어,

어머니 버티고 버틴 곡절이 붉은 숨으로 타오른다

가을이 왜 이리 긴 거냐
오래 견디고 있구나
붉음이 사무쳐, 붉음이 곧 피를 토할 것 같구나
내 다리를 보아라
이렇게 가늘지 않냐 떨리지 않냐
니들 뜻에 따르느라 온 힘을 다해
걷고 운동하고 먹어주느라 고단하구나
반짝 물들이다가 곧 접어야 하는데, 갈 때가 지났는데
아침에 일어나면 뭘 하냐
낮잠 잔 뒤 또 일어나 무얼 하냐

만추의 배경으로 우리 형제들을 밝히더니

어느 사이 어머니 온몸의 단풍잎 떨어져
눈부시게 저세상을 밝힌다

별 1

맥없는 별빛-

산소 포화도 거침없이 떨어지는데
어머니 한 마디 꺼낸다
이제 난 자겠다
나는 어머니와 마지막 인사를 했다
엄마 편히 주무세요
주무시면서 고통 없이 떠나시나 했다

잠시 눈을 감던 어머니는 다시금 눈을 떴다
잠이 안 오는구나
어머니의 눈은 그 어느 때보다 투명했다

빨리 주무셔야 할 텐데
고통을 못 느끼고 가셔야 할 텐데

어머니는 임종 직전까지 의식이 영롱했고
나는 그 투명한 유리구(球)를 지켜보느라 헐떡거렸다
어머니의 세포마다 날카롭게 박혔을 가시들

〈
사람이 죽으면 별 하나도 진다고
저 먼 하늘에 빛을 잃고 사라지는 별 하나

별 2

어머니 화사한 외출복 입고서 관에 누웠다
엷은 핑크색으로 화장도 했다
하늘나라 가실 길에는
따뜻하고 예쁜 옷이 더 낫기에
오래전에 마련해둔 삼베 수의는 떠밀려갔다

몸과 마음이
겉과 속이
속속들이 아름다운

어머니를 아름답다고 말할 수 있어
그지없이 복되다

천 개의 팔
찬란한
빛 사라지자
캄캄한 하늘과 땅 무섭고 무섭다

별 3

별이라는 그릇, 어머니

자신보다 남이 먼저, 꼬랑지로 살아온,
어려운 이 잡은 손에 피 돌게 했던,
남을 험담하는데 혀를 놀리지 않았던,
아프다는 말을 침묵으로 잠재웠던,
고통과 슬픔은 남모르는 방에 두었던,
바깥의 그 어떤 나쁜 풍경도 넉넉히 담아낸,
헤픈 눈물 보이지 않던,

푸른빛 거대한 눈동자가
나같이 시시한 돌멩이에 머물다
그만, 사라졌다
나는 땅을 쳤다 마음 바닥이 심하게 요동을 쳤다

돌아오지 않는 시간

그렇게 좋아했던 돼지고기 보쌈
자주 드릴 걸 그랬네
나는 삼 겹의 기름만 보았네

그렇게 즐거워하던 나들이와 여행
때맞추어 모시고 갈 걸 그랬네
어머니 몇 년은 너끈히 더 사실 줄 알았네

그렇게 바라던 일
산소 줄 자주 빼 드릴 걸 그랬네
어머니 자가 호흡 안 했다는 걸 이제야 알았네

어머니 눈 뜨고서
웰빙을 도둑맞았네

잔인한 학습

한 번도 본 적이 없는 이상하고 무서운 문에
숨 끼인 어머니
숨 뺄 수도, 그 문 젖힐 수도 없어

엄마 조금만 있으면 이 돼먹지 않은 문이
천국의 은빛 문으로 바뀔 거에요
곧 편안해질 거에요

검고 무서운 문 밀어내려 제가 기도하고 있어요

숨이 멎을 때까지,
고통의 이빨에 맞물린 어머니

어머니를 잠들게 해서 가시게 못 했어요
21세기의 첨단 의료 시설을 두고도
우리는 이렇게 원시인이에요

여행

비행기 공포증, 고소 공포증인 어머니는
나이 끄트머리에서야 진정제를 드시고 비행기를 타보았다

첫 여행은 제주도였다
달에 발을 디디듯 어머니는 제주도에 닿았다
두 번째 여행은 오키나와
바람 몰고 외국까지……

산소 줄을 단 뒤로는 어머니의 비행기 여행은 이어지지 않았다
다시 타게 될 날만 지루하게 흘러갔다

어마어마한 점보 비행기가 도착했다
어머니가 천국으로 타고 갈 비행기였다

어머니의 마지막 여행을 두고
꿈속의 나는 슬펐지만 설레었다
어디선가 드럼 치는 소리가 났다

수집 취미

어머니는 예쁜 손수건 모으기를 즐겼다
서랍 속 밀실에서 깊은 잠을 자는 손수건들
어머니는 가끔 이들의 잠을 깨워 사랑스러운 얼굴들과 눈을 맞추었다
무정물에도 혼이 깃든 것처럼

아끼고 아끼다가 가끔씩 보따리를 풀어 딸들에게 나누어준 뒤
새 얼굴들로 다시 채워놓았던 어머니

어느 깃털 바람 날리는 날
어머니는 그 많은 손수건을 딸들에게 나누어주었고
다시는 손수건을 사들이지 않았다

어머니 돌아가시자
나는 어머니가 준 손수건을 꺼내
세상에서 가장 불쌍한 눈을 닦았다

마지막 먹을거리

배가 먹고 싶구나
너무나 먹고 싶어 죽을 것 같구나
빨리 배 좀 사 와라

금식 팻말이 흐려지고 흔들리도록
임종 전 어머니는
귀 막고 방패 들고 서 있는 내게 졸랐다

내 손이 배인 줄 알고 입으로 갖다 댄 어머니
나는 보다 못해 배를 사 오게 했다

배를 조그맣고 얇게 포를 떠서 어머니 입에 물려 드렸다
순간, 어머니 입안으로 빨려 들어가는 건
배가 아니라 그믐달이었다
어머니의 몸과 마음이
그믐의 야위어가는 빛으로나마 밝아지는 듯했다

어차피 돌아가실 텐데
물 한 컵 시원하게 드렸더라면

배 한 개 다 드시게 했더라면

2주 동안 물 한 모금도 못 드시고 간 어머니
그 목마름의 외마디 무쇠 칼로 잘라버렸어요

파도에게

어머니 산소포화도 70 아래로 떨어지면서
거친 숨 높은 파도를 넘네

파도야 어머니를 한 입 거리로 삼키려 드는가

아픈 내색을 안 하는 어머니
파도를 들이키며 말이 샌다
힘들다 힘들다

어머니의 마지막 말이
파도와 한 몸이 되어
어머니 없는 망망대해에서도
살아나 꺼지지 않네
시간에 불려가지 않네

파도의 아가리에서
어머니의 마지막 말이 피를 흘리네

지상에 남겨진 목소리

2019년 1월 17일 오후 1시
본인 이 크리스타나는
생명이 위급 시
심폐소생 시도와 강제 호흡 및
모든 생명 연장 시술을 원치 않는다

    유언장
    이 크리스타나

이 세상에 떨구고 간 어머니의 하얀 입술

기도

어머니
몸과 마음의
고통과 슬픔
다 벗어버리고
고통과 슬픔이 없는
행복한 하늘나라로
곧 가세요

하얀 그림자

이 세상 어디에도 없는 엄마
볼 수도 만질 수도 없어
불러도 오지 않는 엄마
죽을 만큼 그리운
엄마 --

■□ 해설

푸르고 긴 사랑의 인사,
사랑의 헌시

강경희(문학평론가)

    때가 되면 자식은 부모의 삶을 개관(槪觀)한다. 온전히 타자일 수 없는 타자가 되어 자신의 뿌리 전체를 목도하는 순간이 온다. 요청하지 않아도 오는 시간, 지연할 수도 없는 시간, 부모의 늙음과 죽음, 그리고 죽음 이후 시간은 필연으로 자식에게 당도한다.
    양수덕의『엄마』는 핏줄의 인연과 내력에 흐느꼈던 사람이라면 쉽게 지나칠 수 없는 시편들로 가득하다. 시인은 어머니의 주름진 살갗과 얼룩진 상흔들을 쓰다듬고 어루만지며 세월의 길목마다 등불을 밝힌다. 그 나직한 불빛을 따라 걸으면 소중하고 애틋한 존재의 앓고 웃고 사랑한 시간이 펼쳐진다. 그 일렁이는 시간의 무늬를 엮으며 시집을 읽으면 어느새 시인의 어머니는 우리 자신의 어머니가 된다.

양수덕은 먼저 우리를 과거로 소환시킨다. 그가 조각한 기억의 풍경에는 뽀얀 문풍지와 손놀림 잰 바느질로 하루를 채우는 어머니가 거주한다. 시인의 아득한 기억의 잔상에는 쉬지 않고 일하는 어머니의 모습이 가득하다.

> 겨울 오기 전 어머니는 방문의 묵은 창호지를 뜯어내고 새 창호지에 풀을 먹여 발랐다 문손잡이 주변에 곱게 말린 단풍잎을 붙이고 창호지를 덧바르면 마무리되는 겨울맞이 어린 나는 어머니에게서 풀 먹인 옥양목 냄새를 훔치는 즐거운 좀도둑이었다
>
> -「월동 준비」부분

월동을 준비하는 어머니의 손길은 부지런히 바쁘다. "묵은 창호지를 뜯어내고 새 창호지"를 덧바르는 일, 그것은 추운 바람을 막아내려는 보호의 마음이다. 혹독한 계절이 알려준 것들, 긴 추위의 시간을 견디기 위해 창호지에 풀을 먹이고 바르는 어머니의 노동

은 고된 일로만 각인되지 않는다. 유년의 아련한 기억엔 다채로운 삶의 감각이 가득하다. "곱게 말린 단풍잎" "풀 먹인 옥양목 냄새"로 채워진 방 안에서 어머니와 나는 행복한 경험으로 팽팽하고 단단히 묶인다. 이 유대와 사랑은 겨울의 찬 바람을 너끈히 막아낸다.

　손이 공들인 봄 여름 가을 겨울

　포근한 뜨개질의 겨울 물고 봄의 선물인 헝겊 인형이 태어나고 꽃무늬 물방울무늬의 원피스가 만들어지는 여름 타고 해진 바지 무릎 위에 머물던 아플리케의 가을 이어 또 뜨개질의 겨울이 손바닥을 쳤던 나 어릴 적 지나 베갯잇 이불깃의 꽃 자수며 집 안을 꾸미던 수예품들과 어머니의 일상 한복이 지어졌던 평생

　세상의 모든 천을 끌어와 무엇이든 다 수놓고 만들 수 있었지만
　그렇건만, 삶은 마음대로 수놓고 바느질할 수 없었던 어머니

-「빛의 뒤」 전문

쉬지 않고 움직이는 어머니의 손길은 사계절을 채우고, 또한 평생을 채운다. "헝겊 인형" "원피스" "아플리케" "베갯잇" "이불깃" "꽃 자수" "수예품" "일상 한복"에 이르기까지 어머니의 바느질은 집 안을 꾸미고 생활을 잇고 삶을 수놓는다. 어머니는 보이지 않은 시간을 실과 바늘로 엮어 실제화한다. 수많은 계절의 무수한 반복, 손끝의 인내로 어머니는 가정에 온기와 숨결을 불어넣었다.

솜씨 좋은 어머니는 알록달록 집 안을 잇고 색색의 미감으로 공간을 채운다. "마당이 있었던 어릴 적, 담장에는 나팔꽃과 덩굴장미 뜰에는 접시꽃 장미 한련화 달리아 샐비어 맨드라미 과꽃 등이 어머니 손길에 행복한 웃음을 날리고 현관으로 이어진 통로 양쪽에는 오색의 겹 채송화들이 드나드는 식구들의 미소에 별표를 달아주었다"(「꽃길, 하늘 길」)는 말처럼 어머니는 색색의 꽃과 향기로 가족의 공간을 채색한다. 땀의 노동을 꽃으로 만드는 사람, 인간의 생활에 자연의 빛깔을 드리울 줄 아는 미감의 소유자가 어머니였다.

하지만 시인은 그 아름다운 시간과 공간을 빛이 아니라, "빛의 뒤"를 보는 일이라 말한다. "세상의 모든 천을 끌어와 무어든 다 수놓고 만들 수 있었지만"

끝내 "삶은 마음대로 수놓고 바느질할 수 없었던 어머니"에게서 시인은 손길 뒤의 시름, 사랑 뒤의 헌신, 빛 뒤에 가려진 세월의 그늘을 발견한다. 시인은 유년을 벗은 어른의 마음으로 미처 펼쳐놓지 않았던 어머니의 한숨을 꺼내 자신의 언어로 바느질한다.

양수덕이 펼쳐놓은 유년과 과거의 기억들이 단순한 회상과 감상에 그치지 않는 이유는 경험의 조각들을 나열하고 짜 맞추는 행위에 머물지 않기 때문이다. 과거와 접속하는 주체의 행위는 기억의 저장고를 터는 회귀의 열망보다, 존재 전체를 온전히 그려내려는 태도에 가깝다. 즉, 시인은 한 인간으로서의 어머니의 삶의 전모를 완성하고자 시도한다. 시인이 그려낸 어머니의 시간엔 늘 가족이 존재한다. 어머니와 가족은 뗄 수 없는 고리처럼 연결된다. 어머니의 삶에 연루된 가족, 그 중심에 아버지라는 존재가 있다.

> 아버지, 밖으로만 떠돌 때
> 우리 자매에게 현실 너머 다른 세계를 열어준 어머니
> 집 안에 고인 찌푸린 공기가 밀려나는 것 같았다
>
>   - 「지도에 없는 나라로」 부분

유년의 아버지는 가족 밖의 존재다. 밖으로만 떠도는 아버지의 부재는 "집 안에 고인 찌푸린 공기"로 대변된다. 자상하지 않았던 남편이자 아버지의 빈자리를 채우기 위해 어머니는 다른 세계로 떠날 수 있는 상상의 나라로 "자매"를 이끌었다. 위태롭고 불안정한 현실로부터 어머니가 달아날 수 있는 유일한 피난처를 어머니는 책으로 채웠고, 그 환상으로 도피했다. "독서는 잠시나마 어머니를 별다른 세계로"(「어머니의 흥미」) 초대하는 유일한 탈출구였다. 행복한 현실을 갈구할 수 없었던 어머니의 현실은 안주와 위로를 제공할 수 없는 난관으로 작용했다. 이는 결혼의 시작으로부터 예견된 일이었는지도 모른다.

아버지는 한 번도 어머니 생일을 챙겨준 적이 없었다

그날이 그날인 어머니는
집안일에 고개 돌리고 바깥으로만 분주했던 아버지에게
불평이나 내색을 하지 않았지만

-「생일」부분

빵점짜리 남편과 겉만 뻔드레한 집에서
수년간 우울증약을 드시던 어머니

- 「이 크리스티나의 집」 부분

시인은 단호하게 아버지를 "빵점짜리 남편"이라고 말한다. 가장으로서의 직분과 역할을 감당하지 않았던 아버지는 자상하지도 인자하지도 않은 사람이다. "한 번도 어머니 생일을 챙겨준 적이 없"는 무심한 아버지에게 어머니는 "불평이나 내색"조차하지 않았다. 투정도 부리고 하소연을 할 수도 있으련만 어머니는 묵묵히 그 시련을 받아 안았다. 내면의 고통이 병이 될 때까지 어머니는 참고 견뎠다. "아버지에게 집은 잠을 자는 숙소일 뿐 / 함께 나누는 저녁이 없었던 우리 집"(「이중주」)이라는 말처럼 아버지는 가정의 주인이 아닌 방문자처럼 살았다. 아버지에게 집은 함께 나누고 소통하는 공간이 아니라 머물고 사라지는 거처였다. 완강히 밀어내지도 거부하지도 못하는 가부장 시대의 폭압적 유산을 어머니는 온몸으로 숨죽인 채 수용했다.

전근대의 관습에서 벗어나지 못한 어머니의 현실은 제도적 한계 밖으로 나가지 못한 지난 시대의 한 많은 여성의 삶을 상징한다. "학창 시절 공부와 운동을 잘했던 어머니 / 결혼으로 꿈과 희망이 다 주저앉아버리고 / 남은 건 아쉬움이라는 단물 가신 말"(「담장 밖으로」)처럼 지나온 세월 동안 어머니는 순종과 헌신, 복종과 순응을 미덕으로 감내했다. 가족이라는 숙명의 울타리로 인해 어머니는 담장 밖으로 한 걸음도 나갈 수 없었다.

그런데 이 어머니의 삶이 결코 특수한 개인의 경험과 운명으로 국한되지 않는다는 사실을 느낄 즈음 독자는 전근대의 우울한 내상을 몸으로 내재화했던 우리 어머니들의 삶의 질곡을 발견한다. 그리고 이 비극의 초상 뒤편에 시인의 가족사의 이면에 놓인 분단의 상흔을 본다.

우리 집에는 부모님 결혼사진이 없다

(중략)

이북에 처자식을 두고 온 아버지와 첫 결혼인 어머니가
웨딩드레스가 아닌 서로의 다른 옷을 짜고 있었다

단 한 번도 내보인 적이 없는 어머니의 비밀 방에

내가 함부로 들어가 어머니를 욕되게 했나 보다

- 「웨딩드레스」 부분

"단 한 번도 내보인 적이 없는 어머니의 비밀 방"에는 말할 수 없는, 말하지 못할 기억이 은신한다. 온전히 어머니의 남편이 될 수 없었던 아버지의 가족사는 멍에처럼 어머니의 평생을 괴롭혔다. 결혼사진조차 간직하지 못한 어머니의 상처는 망각으로 치유될 수 없다. 사랑의 언약과 맹세로 맺어져야 할 순수한 결혼은 이산의 아픔과 분단의 비극에 연루되어 결코 회복되지 못하는 고통을 안겨 주었다. 밖으로 표류하는 아버지, 속으로 인내하는 어머니는 절름발이 같은 상처로 아파한다. 그리고 그 상처의 아픔은 가족 전체에 전이되어 부모와 자식들의 삶으로까지 이어진다.

양수덕의 가족사는 전근대와 근대, 전쟁과 분단, 가부장과 결혼, 남성과 여성, 구세대와 신세대의 마찰과 파열이 고스란히 내장되어 있다. 양수덕은 자잘한 일상의 세밀한 노출로부터 시대의 굵직한 사건과 결까지 표현한다. 시인이 토로한 경험의 표정들이 낯설고 이질적이지 않는 이유는 시대와 조응하려는 보편의 정서에 부합하기 때문이다. 특히 시인은 의도적으로 어렵고 난해한 시적 장치를 제거하고 공감의 표현과 익숙한 정서를 유도함으로써 정서의 외연을 넓힌다. 이는 수사학적 기술로 언어를 포장하지 않으려는 의지로 읽힌다. 간결하고도 분명한 포에지를 획득하는 것은 기교의 현란함이 아니라, 직관의 감성을 묘파하는 언어의 순정성에 있음을 보여준다.

> 제일 좋아하는 회냉면 앞에서 어머니는 먼저
> 노란 계란을 건진다
>
> 그 순간 보름의 숨 가쁜 빛이 어머니의 입안으로 들어가고
> 홍어회와 냉면 사리와 야채가 차례로 보름 달빛을 따라간다
>
> 마음속 어두움을 지워줄 삶은 계란 반쪽 먼저,
> 어머니는 순서를 벗어난 적이 없다
>
> 어머니가 열어 보인 밤하늘로 나는 이따금 초대를 받는다
>
> - 「냉면」 전문

냉면의 "노란 계란"을 먼저 건져서 먹은 어머니는 한 번도 잊지 않고 순서를 지킨다. 마치 반드시 따라야 할 의례를 수행하듯 어머니의 냉면 먹는 모습은 진지하다. "제일 좋아하는 회냉면"은 어머니에게 음식 이상의 가치를 지닌다. 그것은 맛있는 요리를 넘어 일종의 치유적 행위로 보인다. 냉면에 올려진 "삶은 계란 반쪽"은 "마음속 어두움을 지워줄" 대상이다. 그것은 마치 "보름의 숨 가쁜 빛"을 삼키는 숭고한 행위를 닮았다. 하늘의 달을 몸과 마음에 품듯 어머니는 "입안으로" 달의 빛을 담아내고자 한다. 하늘을 보는 기원, 달을 향한 염원, 열망과 소망을 온몸으로 흡수하려는 고전적 여인의 거룩한 달맞이처럼 어머니는 음식을 그렇게 맞이한다. 사소한 일상이 사소한 것이 아니게 되는 사건, 소박한 한 그릇의 음식을 통해 자신의 간절함을 불어넣을 줄 아는 여인의 마음이 어머니의 행위에 담겨있다. 일상의 시간 하나하나를 소중한 것으로 만드는 것, 그 시작은 소박한 마음 한 조각에도 놓치지 않는 것임을 문득 깨우친다.

시인이 그려낸 말년의 어머니는 다채로운 미감도 없고, 자상하고 부드러운 어머니가 아니다. 늙고 병들고 아픈 어머니다. 양수덕은 이 통증의 어머니를 가감 없이 그려낸다. 시인은 포장하지 않는 어머니, 그대로의 어머니가 진짜 우리의 어머니라는 사실을 환기시킨다.

> 넘어지면서 무릎을 다친 후
> 바닥에서 스스로 일어날 수 없었던 어머니
>
> 어느 때 외출 후 돌아오니
> 어머니는 침대 아래에서 새어 나온 소변을 깔고 앉은 채 울고 있었다
> 내 몸 내 마음대로 못 하는구나 내 마음대로……
> 어머니의 절규가 허공을 움켜쥐었다
>
> - 「누구의 몸인가」 부분

자기 육체를 통제하고 제어하지 못할 때 인간은 절망한다. 가장 기본적인 생리현상조차 가누지 못할 때 느끼는 좌절은 참으로 고통스러울 수밖에 없다. "어머니의 절규가 허공을 움켜쥐었다"라고 표현하듯 막막한 두려움과 공포가 밀려오는 순간을 시인은 있는 그대로 그려낸다. 그런데 시인은 무너져가는 어머니의 육체를 구체적으로 형상화한다. "침대 아래에서 새어 나온 소변을 깔고 앉은 채 울고 있"는 어머니의

모습은 생생하게 그 사건의 현장을 담아낸다. 이처럼 양수덕은 절망의 현실을 관념과 추상으로 둘러싸지 않고 사실 그대로의 현장을 전달한다.

이러한 표현을 통해 독자는 실제의 고통과 절망은 결코 관념의 산물일 수 없음을 알게 된다. 시인은 피상화된 절망과 고통이 아니라 살의 감각으로 전이되는 리얼한 세계를 표출한다. 양수덕은 자신의 시가 허상과 관념의 미감을 노래하는 세계가 아니라, 적극적 현실의 장에서 울리는 살아있는 언어가 되기를 희망한다. 시인은 허기의 말을 찾지 않고 **뼈**와 살로 울리는 생기의 언어를 찾는다.

집에 산소 발생기를 놓고 어머니는 부족한 산소를 콧줄로 취했다 거기다 워커에 의지해 걸어야 했던 어머니에게
나이는 기억의 놀음일 뿐이었다

- 「셈법」 부분

어머니의 처절한 투병생활을 보여주는 모습에서 어머니와 가족들이 감내한 시간이 얼마나 혹독한 것임을 짐작 할 수 있다. 기구에 의존하지 않고는 살 수

없는 어머니의 마지막 시간을 바라보며 화자는 어머니를 보살핀다. 그 간호의 시간을 지나오면서 화자는 허물어져가는 인간 육체의 유한성을 보여준다. 허물어진 몸과 정신의 파편들, 최소의 자기방어조차 붕괴된 속절 없는 현실에서 우리는 위로 없는 슬픔과 구원 없는 삶의 허무마저 경험한다.

더 이상 자식을 돌보지 못하는 어머니, 자식에게 의탁해야만 하는 어머니에 이르기까지 시인은 긴 와병과 투병을 담담하고 눈물겹게 쏟아낸다. 그런데 놀랍게도 이 길고 아픈 시간들을 통과하면서 시인은 더없이 깊은 사랑의 단계에 이른다.

나는 의자가 없는 허공을 더듬네

작은 손의 커다란 기적
이 세상에서 가장 따뜻하고 편안한 어머니 손이 내 의자였다니

손이 손에게 매달릴 때마다
목숨 줄 이어가느라 힘이 들었을 어머니
다 낡은 의자의 신음을
나는 듣지 못하고

〈
의자 아닌 의자의 그림자들만 나를 스치고 지나갈 때
사라진 의자의 기억을
해 비치는 꽃병 속에 넣네

내 남은 생의 시들지 않는 꽃으로 모셔두어야 하는
어머니 손의 기억

이제 나는 의자 없이 서성거려야 하네

-「발견」전문

"이 세상에서 가장 따뜻하고 편안한" "의자"는 무엇일까. 시인은 어머니의 "작은 손"이 "커다란 기적"을 만든다고 말한다. 화자는 안락하고 편안한 의자를 찾아 다녔지만, 의자는 찾지 못하고 "의자 아닌 의자의 그림자들만 나를 스치고 지나"갔다. 혼자 더듬고 서성이고 방황하는 존재는 모두 안식의 세상을 찾고자 한다. 그러나 외부의 세계엔 진정한 위로와 사랑이 존재하지 않는 헛것의 욕망 그네만이 존재할 뿐이다. 먼 기억에 존재하는 따뜻한 의자를 찾아 온 세상을 다 돌아다녔지만 결국 돌아와 발견한 의자는 나를 안아주고 흔들어주던 따뜻한 "어머니의 손 의자"였다. 모성의 세계가 만들어 놓은 풍경은 시간의 굴레에 속박되지 않는 영혼의 치유에 가깝다. 사랑으로 안아주는 어머니의 한없이 부드럽고 따뜻한 손은 "내 남은 생의 시들지 않는 꽃으로 모셔두어야 하는" 아름다운 사랑의 유산이다. 늙음과 병, 죽음으로 가는 유한한 존재의 한계와 아픔을 통해 시인은 그 어둠의 심연의 고통에 결코 가라앉지 않는 위대한 모성을 다시 발견한다.

젊은 날 피난의 고통으로 고향을 상실한 이산의 아픔, 불우한 결혼과 온전한 사랑을 받지 못한 곡절 많은 인생, 집안일과 양육을 묵묵히 감내하면서도 아름다운 여인의 미감을 잃지 않았던 마음씨, 미칠 듯 아픈 현실을 떠나고 싶을 때면 책으로 도피했던 날들, 그리고 그 점철된 시간들을 고스란히 받아낸 아픈 몸의 노년까지 시인의 어머니는, 다른 이가 아닌 우리 시대의 어머니이다.

입이 무거운 어머니의 한마디 말 뒤편에는

달과 해를 지운 시간이 고여 있다

〈

열매를 맺은 말은

그 말을 맺게 한

잘 키운 마음의 나무가 서 있다

한마디 흘려보낸 말은

그 말이 흘러갈 푸르고 긴 강의 유래를 더듬는다

-「오랜 침묵, 말 반짝」 부분

"달과 해를 지운 시간"에는 무엇이 고여 있을까. 밤과 낮이 사라진 시간과 오랜 침묵 끝에 이어진 "한마디 말 뒤편"엔 무엇이 있을까. 오랜 침묵이 키운 나무엔 어떤 말의 "열매"가 맺혀있을까. "푸르고 긴 강의 유래를 더듬"어 가면 그 끝에 무엇이 있을까. 그 오랜 침묵의 항해 끝에 마주할 존재는 아마도 "어머니" "엄마" 그 눈물 나게 아름다운 사랑의 존재가 아닐까. 맑고 고운 날 한없이 그립고 애틋한 날이 오면 한 번씩 불러보자, "오! 나의 어머니! 어머니!"